JN411141

분홍여우가 온다

신태희 시집

문학의전당 시인선
228

분홍여우가 온다

신태희 시집

문학의전당

시인의 말

껴안는데 자꾸 틈이 생긴다

그 틈으로
바람이, 햇빛이 다녀간다

투명하고 눈부시다

시가 온다,
분홍여우가 온다

2016년 6월
신태희

차례

제2부

제3부

제4부

제1부

지척(指尺)

열 손가락을 펴서
붙인 그 폭이 지척인 걸 몰랐다
곁에 두고도 몰랐다

새끼손가락이 어깨를 마주하고
공손하게 손바닥이 하늘을 우러른다

지척에 두고도 볼 수 없는 당신도
함께 담겨왔다

바늘귀 이야기

맨 처음 바늘에 귀를 만들어준 사람을 생각해요
입이 아니라 귀를 열어준 이유를 더듬어봐요
옷 짓는 소리를 들으며, 살구꽃 지는 향기를 듣는
몰씬몰씬 익어가는 살구를 들으며, 옷 한 벌을 지어내는
저 순하고 향기로운 바늘에 귀를 기울여봅니다
동그란 귀 안에는 얼마나 많은 이야기가 들어 있을까요
도토리 떨어지는 숲길에 오도카니 손을 비벼대는 다람쥐며
해와 달을 번갈아 달아매다 솔기 터진 겨울 하늘이며
이름이란 거추장스러움을 걸치기 전의 풀꽃 이야기
동심원으로 이어지는 둥글고 둥근 이야기
푸르렀을 바늘의 귓속을 들여다봅니다
가느다란 새의 다리뼈에 조심조심 구멍을 뚫는
처음부터 바늘이 아니었을 바늘에게 귀를 열어준 사람
뼈바늘에 매달린 풍경이 홈질로 지나갑니다
호드득, 살구가 튼어집니다

과원서점

다섯 페이지의 책이 있다
햇살의 숨결로 묶인 책이 있다
차가운 어둠을 뚫고 온 필경사는
때로는 얼굴을 붉히며 숨을 참으며 받아쓴다
육필만 허락되는 리미티드 에디션이다
내용은 할리퀸 문고판처럼 뻔하지만
차곡차곡 발단 전개 위기 절정 결말을 꾸린다
책을 찾아오는 마니아층은 대개 소란하기 마련
붕붕거리는 한 떼의 벌들이 읽어 내리는 낭독의 시간
어린것들은 속독으로 건성 읽는 듯하여도
물어보면 다 알고 있는 줄거리
서점은 홍보 포스터 한 장 없이도
올해도 베스트셀러를 내었다
완판된 자리마다 불룩해지는 주머니
책값은 실했다

앙큼한 계절

벚나무 정류장에 눈이 내린다
머무르다
머뭇거리다
떠난다

공중—
두 개의 이응받침으로 동동 떠 있다
부풀었던 사랑과 부풀렸던 이별의 흰 풍선들이
공중으로 날아간다
보이지 않는 곳에서 터지는 앙큼한 것들

벚나무 정류장에 눈이 내린다
흰 눈이
흰 꽃잎이
머무르다
머뭇거리다
떠난다

곡우 즈음

법성포 건너편 구수산 철쭉이 필 무렵
위동 늙은 살구나무 어린 꽃이
까치발을 하면
어김없이
참조기 몰려드는 칠산 앞바다

조기만도 못한 놈들*
빼곡한 뭍에도
오래전 약속으로 오시는 곡우
어린 모들
와, 와 손뼉 치는 소리

---

*약속을 지키지 않는 이를 이르는 말.

추억은 기어이 닿는다

물 묻은 손을 털고 전화를 받을 때,
끊기는 전화 너머로 사라지는 너의 목소리였던가
거품 문 스펀지 위로 다시 물이 쏟아진다
접시가 손에서 자꾸 미끄러진다
꽃무늬 접시에서 빠져나오는 손
지갑을 들고 우리슈퍼에 간다
너와 같이 버스를 기다리던 정류장을 지나간다
초록 플라스틱 의자에 고이는 오후 세 시
정류장의 오류는 잠시 머문다는 것이다
너와 같이 버스에서 내리던 정류장을 다시 지나간다
시장바구니 속 파가 삐죽, 고개를 내민다
69번 버스는 숨을 토하는 흰수염고래다
숨구멍으로 쏟아져 나오는 체크무늬 교복
언덕배기 아래
가끔씩 지나가는 화물선 같은,

철든 돌

지구의 어떤 돌보다
철이 많이 들었다는 운석

타들어 가는 가슴으로
어둠을 뚫고 온 돌은 다르다

저 돌도
한때는 별이었다

겨울 연밭에서

그렇게 하나같이 물속을 들여다본다
물방울 또르륵거리며 반짝이던 한때가
명상의 자세로 돌아간다
자기의 뿌리를 들여다본다
얼기설기 이웃이 되는 그 간격을 본다
잠결에 진흙 가슴을 파고드는
우렁이의 칭얼거림을 본다
토닥이는 물의 손잔등을 본다
얼음장 밑으로 흐르는 온기를 본다
초록의 연밭에선 생각지 못한 일
하늘로 솟구치던 꽃대와
울렁거리던 청춘의 잎을 버리고
일목요연한 색으로 얼음 속에 들어앉았다
연씨 몇 개가 물고 있는 얼음판도 골똘해진다

나무의 쓸모

참나무과는 있어도 참나무는 없다고
토종식물 해설사의 말을 듣는다
참나무는 참 쓸모 있는 나무의 대명사
그게 꼭 나무 이름인 줄만 알았다

미안하다
상수리야, 갈참나무야, 굴참나무야

겨울밤,
굴참나무 껍질 지붕을 이고
구들장에 앉아
도토리묵밥 한 그릇
뒷산 갈참나무 가지로 오시는 눈

따듯한 벽

사람이 살고 있는 집은
쉽사리 무너지지 않는대

기울어진 흙벽도 밥의 온기를 먹고
사람의 체온에 기대어 버티는 걸 거야

결코 무너질 수 없다고
어린것들 이불 밖 삐죽 나온 발가락을 세는
벽은 따듯해

청국장 끓는 아침도
시래깃국 펄펄 김 나는 저녁도
함께 흠흠거리는
벽은 따듯해

제주수선화

저 혼자 나서
저 혼자 자란 거요

아무리 뽑아내고
없애도 또 돋아나요

검질이죠

말마농이죠

별일 아니라는 듯
짧게 피고
일순 저버리는,

향기만 서러워요

길가마지 사랑

길가마지는 어쩜,
두 송이씩
어깨 겯고 피어날까요
하나는 외롭고
셋은 너무 많단 걸 알고 있기나 한 것처럼요

서로 얼굴 빨개질 일도 없는 것들이
공연히 땅바닥만 내려다보는
깜찍한 것들

이른 봄
목덜미로 쏟아지는
달큰한 숨소리에
눈멀고 귀 멀어

오월이면
둥근 하트 두 개로 맺혔다
서로의 심장으로 파고들어

하나로 붉게 뭉개지고야마는

징한 사랑으로 가뜬히 익어가는
길가마지 한 쌍

落

홑겹
어질머리

빈혈이다

꽃잎이라는 말을 흔들면
쏟아지는 가루약

약봉지
흰 그늘에 눕는다

꽃병

박태기 마른 몸
열꽃 핀다

소소막막
꽃나무 한 채
병이 깊다

꼼짝 않고 앓는다

식은 이마
짚어주는 봄볕

거기 또한 맑으신가

한 그릇

그릇이 쨍하다

혀의 바닥으로 이룬 윤(潤)이다

빛으로 포식한 공복 한 그릇

강아지 한 마리

꼬리를 말아 넣고

온몸으로 맛본다

햇살이 코 언저리에 들끓는다

그릇에 맞춤한 몸피

제대로 한 그릇이다

제 밥그릇이다

오후가 설컹,

입안에 씹힌다

빨래꽃

빨래터 옆 목련나무
방망이질 소리 물고 탕탕 터진다

하이타이처럼 부글거리는 꽃들의 트림
담 위에 쌓이는 사이,

엄마는 목련보다 흰 속옷 줄줄이 꿰고 있다

매 맞고 탈탈 털린 빨래꽃들
눈물도 없이 희게 펄럭이는데

엄마 등 뒤로 자빠지는
목련꽃

제2부

편지를 기억해

내가 떨며 썼을 너의 이름도 *편지를 기억해* 그 가을 풀벌레 소리에 연둣빛으로 물들던 펜촉도 *편지를 기억해* 오래오래 아프고 싶었던 *편지를 기억해* 아스피린처럼 녹던 새벽 눈꺼풀도 *편지를 기억해* 너에게 가려고 했던 말도 *편지를 기억해* 조각배를 타고 사라진 *편지를 기억해* 물결로는 도무지 너에게 닿을 수 없던 *편지를 기억해* 일엽편주로 떠도는 *편지를 기억해* 초록 잎사귀로 무럭무럭 떠오르는 *편지를 기억해*

스틸컷

8분 전의 햇빛을 맞는다
이미 사라진 별을 이제야 올려다본다
옛사랑을 떠올린다
철로 끊어진 걸 못 보고
목 빼며 기다렸던 기차
나는 이미 내가 아닐지도 모른다고
박쥐우산을 쓰고 퇴근을 한다
툇마루에 걸터앉아
식은밥 한 덩이 물 말아 먹는다
오래된 청승이 마주 앉는다

페루는 노래

달동네
달이 노래
돌아가는 골목마다
노랑 발자국
검은 고양이 눈알이 노래
들판에 옥수수 알알이 노래
해바라기는 빙글빙글 노래
노란 잉카콜라 마시며
황금박물관 갔는데 온통 노래
페루의 돈 단위는 쏠
오, 쏠레 미오
오, 나의 태양
버스에 올라타면 태양을 주고
햇살 같은 거스름돈을 받는 사람들
도레미파 쏠라 에너지 가득해
시시한 일 따윈 노래로 날려 보내
새해엔 샛노랑 속옷을 입는 사람들
페루는 노랗다, 노래

♭플랫 가단조

기차가 오는 겁니까
묻고 싶은데
이 나라 말을 알지 못합니다

유프라테스 가로지르는 다리를 건너
이 역에 들었습니다

불투명한 연청빛에 담겼던 눈동자가 시립니다

기차가 오긴 오는 겁니까
묻고 싶은데
이 나라 말을 알지 못합니다

역무원이 있다는 건
돌아올 기차가 있다는 것이라고
혼잣말로 되뇌입니다

모래언덕에서 불어오는 바람에

나뭇잎들이 우우 메마른 인사를 합니다

안녕, 이라는 이 나라 말만 알아서
그 말이 전부이기도 하여서
멀거니 내 아래에다 인사만 합니다*

플랫폼의 첫마디로 걸어가다
모래 속 묻힌 침묵을 보았습니다

---

*이병률 시인의 「전부」 중에서.

그라나다의 저녁식사

내 사랑스러운 심장 같은 브라이트 핑키쉬 퍼플 노을빛이 스미는 주방 창틀, 비트 껍질을 벗기고 굵게 썰어요 계피향을 낸 쌀밥에 찢은 닭고기, 호박을 넣은 쿠스쿠스, 바삭바삭한 팔라펠이 나무탁자 위로 오를 때, 거리에는 오렌지빛 가로등이 하나, 둘 피어납니다 알함브라 궁전 창가로 비둘기 발목에 매달린 쪽지가 도착합니다 뎅그렁, 뎅그렁 감청색 저녁 종소리가 마을 지붕을 덧칠하는 시간, 오늘 당신이 스친 수많은 햇살무늬로 수놓아진 저녁 식탁보, 딥핑소스엔 굵게 간 호두와 레몬즙, 잊지 않았어요 어둠을 사이좋게 찢어먹는 달과 별 아래로 당신이 보이네요

러시안 블루스

자작나무 껍질에 편지를 씁니다
전망 좋은 방에서 당신을 기다립니다
깃털펜이 자꾸만 미끄러집니다
라이카가 무중력을 향해 짖습니다
흰 벽에서 눈 냄새가 떠돕니다
벽난로 속, 자작나무가 탑니다
기다림의 척추가 무너집니다
흰 건반 위로 검은 건반이 내려앉습니다
반음계로 어스름이 내려앉습니다
라라의 테마가 내려앉습니다
나무껍질 위에 쓴 당신을
자작자작 태워버렸습니다
다시 한 번 눈이 내렸으면 좋겠습니다

별의 근친

문득,
티스푼이 옆구리에 닿자
찰그랑
울어버리는 찻잔
온몸에 공명을 새긴
시린 온기가 손바닥을 넘어온다
얼룩진 햇빛이 묻어온다
살 속에 뼈가 아프게 박혀 있다
흰 울음소리가
물무늬로 번져온다
동그라미가 물고 오는 동그라미
그 여러 겹이 다정스레 죽는다
죽어서 흙이 되는
우리가 별의 부스러기라면
한밤 울어버린 잔은 나의 근친
손으로 더듬어보는 찻잔의 별자리
점자로 가득한 하늘엔
엎질러진 깊고 푸른 찻물

여수

당신이 산다는 곳에
달빛이 먼저 도착했습니다
밤 배를 끌어당긴 건
당신만은 아니었습니다
달이 지구랑 사뭇 가까워진다는 밤
달은 설렘으로 부풀었습니다
좋아하는 이를 볼 때 동공의 무조건반사처럼요
낯선 도시였지만
당신이 어디선가 있다는 생각만 환했습니다
당신과 이만큼 가까워진 밤입니다
짐을 푼 곳에서 잠을 청합니다
짐과 잠이 이렇게 한끝 차이인 줄 몰랐습니다
골목에선 노랫소리 울리고
가사가 뭉개진 채로 떠돕니다
당신이 잠들었을 달 아래
내가 잠들 달 아래만
그저 막막하게 젖어, 환했습니다

해피라는 이름과 걷다

그즈음엔
흔하디흔한 해피였다
해피하고 부르면 달려왔다
뜻보다 중요한 건 공명이었다
공기가 소리를 받아주듯
해피는 나를 받아주었다
싱아가 빛나는 아침에도
우린 같이 걸었다
까마중이 검은 눈동자 달던 저녁에도
우린 논둑길을 걸었다
머리 위로
은하수가 물결 지고
내 옆엔 해피가 있었다

봄날

명주바다 몇 필
곱게 밀려오는 봄날입니다
좀녀할망은
무지개가 숨어 있는 하늘을 올려다봅니다
빗창으로 딸 수도 있을 것 같습니다
만 년, 이만 년
수월봉 아래 켜켜이 묵은 계절이
오래 마르는 오후입니다
팽나무 가지로
별이 열매처럼 매달립니다
새로운 별자리가 생겼습니다

라오스 어느 동네에선

라오스 어느 동네에선
미군이 퍼붓던 로켓 폭탄 아직도 땅에 박혀 서 있는데
바로 그 옆에선
폭탄 녹인 쇳물 거푸집에 부어
숟가락
챙그랑 챙그랑
찍어내는 사람이 있다

라오스 어느 동네에선
죽으라고 쏟아붓던 그 쇳덩이가
말간 수저로 태어나
어느 밥상머리 위
가지런히 놓여
정직한 숟가락질로 살아가고

베트남과 이웃한 죄밖에 없던
라오스 어느 동네에선
피를 부르던 그 뜨거운 쇳덩이가

꽃송이로

코끼리로

다시 태어나

사원으로 줄줄이 걸어간다

오버 더 드래곤

화룡점정을 생각했다

그곳, 분화구 어디메쯤 내 눈도장 기다리는 빈 눈 있을 것 같아
간밤 핏발 선 눈으로 놈의 꼬리를 밟는다
소똥 덕지덕지 묻힌 채 누워 있는 꼴이라니
위엄 없는 꼬리를 잘근잘근 밟으며 오른다
무던한 놈은 용케도 세월을 견디고 계절을 견디고
날아오를 듯 날아오를 듯 등 비늘을 세우고
한 번의 비상을 위하여 고요한 텅 빈 눈으로 나를 기다렸겠지

가을빛에 가려운 억새들은
서걱서걱 서로의 등을 긁어주고
근질근질해진 나는 그놈의 텅 빈 눈이 어디메냐고 눈을 부라리는데
등줄기에 돋아난 땀방울 같은 물매화
애초부터 기다림이란 고통의 자세였음을…
날아오를 그 등을 타고 가는 가을 오후 이 시간,
나의 등에도 땀방울이 솟는다

깊게 패인 여적(餘寂)으로 홍건해진 빈 눈
분화구 안을 이리저리 돌아본다
핏발 선 눈 쓸어주는 아득한 바람만
하늘만 구름만 보이는 저 머리로 오르면
여의주 꽉 문 튼튼한 턱 하나라도 찾겠지 하고 올랐는데
제 몸집만 한 월랑봉을 한입에 물고 턱 자빠져 누워 있는
용눈이…

역린(逆鱗) 같은 나를 떼어내려 한바탕 몸을 흔든다

플라이트 레코더, 두 낫 오픈*

열리지 않았으면 더 좋을 것들이 있지

진실이거나 거짓이거나 그대로 묻혀 풍화되거나 하면 더 좋을 것들 판도라의 상자처럼 그렇게 열리지 않았으면 더 좋을 것들 애초에 상자는 열릴 것을 전제로 만들어지지만 주황색 혹은 빨간색임에도 블랙박스라고 천연덕스럽게 불리는 것들의 운명이란 참으로…… 죽음의 늪에서 떠오르는 한 줄기 목소리 산 자의 마지막 목소리들 들끓다 황급히 저무는 소리 받아 적어야 하는 블랙박스는 참으로 깜깜한 상자일 것만 같아 11킬로그램으로 3400배의 충격과 1300도의 고열에도 까딱없는 그저 깜깜한 상자일 것만 같아 수심 7000미터로 떨어진대도 영생의 발신기로 말미암아 덜컥 열리는 상자 안, 불신검문에 걸린 까만 눈구름과 태양을 찢고 날던 그날을 토해놓는다

열리지 않았으면 더 좋을 것들이 있지

두근두근 실려 가는

플라이트 레코더, 플리이즈 두 낫 오픈

---

*블랙박스 경고문.

분꽃, 1977

만둣국을 보면 그 여자가 생각난다 동글납작했던 그 여자 얼굴 똑 그 여자 닮은 어린 딸 금지옥엽으로 키우며 셋방 살던 그 여자 어느 겨울 저녁, 계란지단 얌전히 올려진 만둣국을 가져오던 여자 남자의 얼굴이 가끔 보이는 날이면 발그레 상기되던 그 여자 저녁밥 다 먹도록 지치지 않고 피던 분꽃들, 곁눈질하던 여름 지나 가을비 오던 날 부침개 냄새피우던 부엌 속에서 터져 나온 울음 우당탕 우당탕 살림살이 굴러다니는 소리 그 여자 딸의 울음소리 말리는 남자의 소리 한 여자의 악다구니 소리 그 여자의 울음소리 부침개가 날아다니고 프라이팬이 바닥에서 구르고 유리잔이 깨지고 분꽃은 입을 다문 채 검은 씨를 품고 분 냄새 나던 시간을 꼭꼭 다지고

백 마리 나비떼
—1983

한겨울, 백 마리 나비떼가 날아왔다
목화솜 위에 사뿐히 앉은 황홀하여 차라리
어지러운 날개, 눈이 시렸다
나비 한 마리마다 엉긴 실의 숨결과 살결을
더듬어보니 손끝이 뜨거웠다

명찰집 시다가 부업으로 한다던 수가 놓인 이불보는 그 겨울 우리 동네 히트상품이었다 박박 소리 나던 바닥난 금슬도 나비처럼 날아든다고 여기저기 이쁜이 수술 대신 주문이 폭주했다 그런데 그 여자 락스를 마시고 죽었다고 수군거리던 골목길 아주머니들 알고 보니 그 명찰집 사장 딸 하나 낳고 살던 여자였다고 본처한테 머리끄덩이 잡혀도 사장은 짐짓 모른 척했더라고 그 여자의 손길이, 눈길이 수백 번 맴돌았을 백 마리 나비이불 목까지 끌어당기고 자던 밤들, 끝끝내 세어보지 못한 나비들

나비에게 집이 없다는 것을 몰랐다
친구인 꿀벌은 집이 있는데
머무를 곳이 없는 나비는

이 꽃, 저 꽃으로 날아다닌다
모두들 예쁘다 예쁘다 하지만*

---

*드라마시티 〈마녀재판〉 중에서 차용.

태어나는 집

내가 태어났던 집
창틀, 오래된 회전목마와 장미나무*
젖빛 유리창 넝쿨무늬 손끝으로 따라가면
아치문 기어오르는 줄장미 한 채 외따로운 곳
잔디밭 위 노란 훌라후프처럼
정오가 둥근 입맞춤으로 훌쩍 굴러가고
플란넬 앞치마가 그늘진 부엌 한 켠을 밝혀주던 곳
태를 묻은 정원의 측백나무엔
초록별이 열리고
은하수 뚝뚝 듣는 밤에는
한 소쿠리 별똥별 줍던 곳
착한 앞니가 지붕에서 흰 날개를 달고
까만 우주 속으로 헤엄쳐 날아가던 곳
푸르스름 새벽빛 탯줄을 끊고
또 새로 나는 집

---

*Una emocion(감정) 중에서.

제3부

작약 무렵

모란이 지고 나서야 작약이 핍니다
모란이 뚝뚝 지고 나서 작약은 맺힙니다
모란빛이 땅으로 스며 다시 작약으로 태어나는 걸 봅니다
어둠 속 빛들로부터 시작되는 이야기입니다
작약은 고스란히 모란의 빛을 모셔왔습니다
작약은 그것이 기뻐 환호작약,

보통명사가 사는 골목

해바라기분식 옆 약속다방
약속이란 추상명사가 손에 잡힐 듯 환해진다
약속다방 미스 김처럼 '약속'은 보통명사가 되어버린다
이게 다 해바라기분식 때문이다

빛바랜 간판 속,
큰 키로 기웃거리는 해바라기
쨍하고 해 뜰 날 바라는 이 동네 사람들 눈도장 받으며
무럭무럭 낡아가는 분식집 간판

종일 조무래기들 코 묻은 돈
풀방구리 쥐 드나들듯 하면
어느새, 떡볶이빛으로 지는 저녁노을
골목으로 어둠이 김밥처럼 돌돌 말려온다
단무지처럼 노란 달이 튀어나온다
약속처럼

분홍여우가 온다

분홍 꼬리털은 숱이 많고
한창 털갈이 중이다

분홍,
따듯한 털 냄새

햇볕 봇물 터진
쥐구멍 앞에도
분홍 털 한 뭉치가 굴러다닌다

아홉 개의 꼬리로
사뿐사뿐 재주를 넘는다

분홍 입술이 건네주는 유리구슬
얼빠진 입안으로 미끄러진다

뱉지도
삼킬 수도 없는 봄밤

마술경기장

나무시장에 봄이 온다
팔려고 내놓은 어린 묘목
간지러운 잇몸엔 싹이 오르고
옹알이로 도란도란
연둣빛 주문을 외우고 있다
몇 해째 제자리인 벚나무는 제법 처녀티 묻어난다
연분홍 젖멍울 도드라진다
팡파레에 맞추어 드레스 자락 날린다
키 작은 목련도 벙그는 맘 하나
손수건처럼 뽑아낸다
곧 새가 되어 날아갈 듯한 자세로
아크로바틱, 아크로바틱
진지함에 숨 막히는 오후
마술은 시작되었다
지난한 겨울
검은 휘장 거둬내고
현란한 손동작에 잠시 한눈파는 사이
스팽글 휘날리는 나무속,

비둘기들이 초록 리본을 물고 나온다
구름이 박수 소리로 쏟아진다

오늘도 맑음

스프링 같은 날들이야
자판처럼 튀어 오르는 햇살
문장이 되지 못한 감탄사만 태어나는 지중해
이미 눈부신 스토리텔링으로 충분한 푸른 노트야
크루즈가 끌고 가는 흰 물결 위에 써도 모자란 사랑아
저 끊임없이 말을 거는 햇살 때문에
나는 가끔 할 말을 잃어버려
말줄임표로 촘촘해진 수평선을 바라보다
얼룩진 폭풍의 언덕을 베고 잠든 너의 얼굴을 기억해
젖은 속눈썹에 매달려 채 구르지 못한 눈물방울
체크담요를 덮어주던 내 손을 잡던 너
여전히 감은 눈에서 반짝 눈물이 굴렀지
물방울무늬 원피스를 입고 나는 너에게 가는 중이야
나쁜 날씨라는 건 없어

소풍

소풍은 김밥이야
김발에 돌돌 말린 푸른 바다
긴 마파람이야

게눈 감추듯
날아가 버리는

바람은 솜사탕이야
나뭇가지에 돌돌 말리는 하얀 바람
뭉게구름이야

얼굴을 한입에 삼킨
바람의 목구멍이야

여름밤

불 끄고 누우면 풀여치 소리로 환해지는 윗목

찌르르, 찌르르, 초록빛 주사기가 심장을 찌른다

점묘로 찍히던 달의 붓끝이 여린 날개를 쓰다듬다

잠시 쉬다 구르다 흐르다

멈춰선 달빛 방울

동그랗게 눈을 뜨고 쳐다보는 풀여치

어둠은 쉽사리 고요해지지 않는다

너에게 닿고 싶은, 시고 떫은

난 너를 방울방울해*

사과사과 햇살 받으며

키위키위 웃고 싶어

살구살구 고양이 돌아오는 소리 들리니?

자두자두 어둠이 깔리고

버찌버찌 새가 울어

오디오디 검붉어지는 하늘

개암개암 깊어가는 밤

비파비파 별 스치는 소리

---

* 영화 〈러브픽션〉의 대사, 사랑한다는 뜻의 엉뚱한 표현.

민들레 봄

햇살
또르륵 또르륵
감아올리는
노란 태엽

지천에 터지는 초침 소리

사랑은 풀꽃

사랑은 꿀풀처럼 달콤하지만
자주쓴풀처럼 쓰기도 하다는 걸
사랑은 제비꽃처럼 봄날을 물고 오지만
매발톱꽃으로 가슴을 후비기도 하고
피뿌리꽃으로 맺히기도 하지
미치광이풀처럼 봉두난발하다가
구름체처럼 둥둥 떠다니게도 하고
한낮의 별꽃으로 빛나기도 해
꿈속에서도 당신을 생각한다는
꽃말을 가진 해오라기 난초로
순백의 날개를 펼치다가
공터의 쓰레기꽃으로 추락하기도 하지
전봇대 옆 쥐오줌풀이 비웃을지라도

뒤돌아보니
사랑은 풀빛,
풀빛입니다

연꽃 빗장

연화지에 갔더랬습니다 꼭 일 년 만에, 꽃을 피워내는 그네들의 약속은 환했습니다 몸에 새긴 약속은 언제나 정확합니다 연밥을 차려 올린 이 거안제미*를 난 황홀히도 받아서, 눈으로 한 수저 들고 맙니다 꼭 일 년 전에 나는 누군가의 안색을 걱정했더랬습니다 바로 이곳에서, 병색이 묻어나는 그를 물었더랬지요 무심하게 받아치는 상대방이 조금은 서운했습니다 연잎에 고인 물이 뒹굴며 저들끼리 소곤거리더군요 일 년 만에, 그의 질량이 가뭇없이 사라진 오늘을 걷습니다 연꽃 만나고 가는 바람이 치맛자락을 흔듭니다 일 년 전의 약속이라니, 나는 한 적도 없는 약속을 자주 잊습니다 맘에 새겼거나, 새기지 않은 약속은 언제나 흐릿합니다 연꽃은 아무 일 없다는 듯 새끼손가락을 걸어옵니다 횡경막에 빗장 하나 환히 걸립니다

* 거안제미: 밥상을 내올 때 눈썹 높이까지 공손히 올린다는 말.

달맞이꽃

가슴 설렜죠
희미한 당신의 얼굴만 걸린
하늘은 눈부셔
찌르르, 찌르르
풀벌레 소리 따라
흔들렸어요
머릿속까지 차오르는 초침 소리
괜스레 달뜨는 얼굴
노을에 눈을 뜨고
어둠 속,
살포시 열어본 손바닥
쏟아져요
노오란 당신의 지문들

무화과라니

무화과 깊은 그늘에 앉아 있다
무화과라니
어찌 이리 환한 거짓말이 있으랴
꽃 없이 어찌 열매가 있겠냐고
적자색으로 붉어가는 얼굴
따지듯 올려다본다
저들끼리 속삭여 초록 열매 안으로 기어들던 날
씨방은 첫날처럼 두근거리고
잘 말린 햇볕 한 채 포근포근 했겠지
손을 뻗어 무화과를 딴다
농밀하게 감겨드는 날것
반으로 쪼갠다
꽉 들어찬 내밀한 속삭임
골고루 퍼뜨린 사랑의 흔적들
까만 눈동자를 치켜뜨고
혀를 타고 넘어온다
물큰하게 부서지는 저들의 사랑을 먹는다
숨겨왔던 불안하고 아득한 사랑

불혹의 몸으로 스민다
펄럭이는 혈관을 탄다

붉은 감옥

서로에게 묶인
자물쇠 두 개
입을 다물고 있다
지난 사랑에 대해선 묵묵부답이다

이름과 이름 사이
하트
핫, 뜨거운 심장이었다가
이내 덧난 상흔이다

영원이란 말
뜬금없이 많아지는
이 사랑의 언덕이 흘려주는 말
사랑은 값 매길 수 없는 것
그래서 영원인 거야

서로에게 기대
물들어가는

쇳덩이
한결같이 붉은 녹을 게워내는 중이다

목련 빵집

골목 어귀 파란 대문집
담 너머 목련이 둥둥 떠 있네
목련구름이네
향그러운 구름빵이네
볼 때마다 가슴 뛰는 맛이네
어느 날 품절된 구름빵
목련 빵집이 없어졌네
흩어진 부스러기들
밑동 잘린 채
아침에 구운 빵
매달고 가네
트럭 위
쏟아지는 봄볕 아래
조금씩 떼어놓은 반죽
마악 발효되고 있네
한참을 부풀며 가네

야전

헝클어진 들판
풀 비린내 울먹인다
짓이겨진 풀꽃의 둘레는 자줏빛
먼 곳에서 접질려진 달의 흰 발목
퉁퉁 붓는다
수액이 떨어지는 간격으로 끼어드는 말줄임표
모든 기호는 말을 대신할 수 없지만
오래 상징한다
색깔로 기분을 저장하는 카멜레온처럼
몰려오는 회색 이빨들
화살표로 꽂힌다
찢겨진 낡은 수첩의 주소록
너의 주소가 없다는 걸 지금에야 알았다
여러 겹의 여과지에 걸러진
불투명한 오늘
링거 줄에 매달린 달의 맥박이
투명하다

독과 사랑

산란기 복어의 독은 청산가리 열 배가 넘는다

지켜내야 할 그 사랑도 열 배
그 이상 강해진다

독과 사랑
한 몸에 품은 몸

맹독의 알이
사랑으로 부화한다

제4부

선녀 아줌마

식당 일하러 새로 온
김선녀 아줌마 손이 갈퀴다
아구찜 장사를 했다는
옹이 진 손마디 스며든 바다 냄새
날개옷은 잃어버린 지 오래
앞치마로 대신 산 세월
착한 여자 善女
선녀 아줌마는
오늘도 나무꾼 대신
갈퀴 같은 손으로
혼자
등록금을 모으고 있다
두 아이 날개옷을 짓고 있다

모음해장국

아야
어여
한 그릇 묵고 가라

뜨건 국물 속
둥둥 떠다니는 모음

아
야
어
여

고수

볕 좋은 날
까만 자동차 위에
빨간 고추

할머닌 운전은 할 줄 몰라도
자동차 위에 고추를 널어놓으면
보다 빨리 마른다는 거
너무도 잘 아신다

가을볕에 달궈진 자동차까지 꿰고 있는 할머니

정오는 오후로 액셀러레이터를 밟는다

빈방 하나

가을에 와서 여름에 가신 당신
베릿내의 물총새 한 마리가 제 흥에 겨워 풀어논 하늘 아래
당신은 태어났겠지요

숨비기꽃 까만 열매 알알이 숨어드는 날,
태어났을 아기인 당신을 생각해봅니다
당신이 어릴 적 뛰어놀았다던 중문 앞바당에서
자꾸만 헛딛는 어린 게의 집게발에 목이 메는* 당신을 보았습니다

물기 어린 눈동자로 읽어내던 베릿내의 숨결은
이젠,
당신의 시에서만 가쁜 숨비소리로 떠오르는데
가을에 와서 여름에 가신 당신

꽃댕강 지는 산사의 뜨락
당신의 눈동자가 쓸고 간 풍경만 피어납니다

그리움이란 빈방 하나 세 놓고 가신 당신,

숨비기 꽃말 처음으로 알았습니다

---

*정군칠 시인의 「게와 아이들」에서 인용.

월령(月令)

백년초 심고
백년초 꽃피우고
백년초 열매 익을 때면*
우리 함께 있을까요

백년초 열매 사이
일렁이는 햇빛, 그림자와
우리 함께 있을까요

가시 많은 자줏빛 열매가 토해내는
시간의 점액질

캄캄한 뿌리와
환한 꽃을 흘러온 것이
목젖 붉게 물들이는
호끌락한 슬레이트 물결 지붕 아래

백년 동안

밤으로 미끄러지지 않는 저녁
우리 함께 있을까요

* 양창식, 『월령리 사람들』 중에서.

깅이죽

올레 걷다 만난
깅이죽 한 그릇
모래 위 상형문자 흩어지는 소리
모이다 흩어지다 했을 작은 집게발들이
뜨겁게 달궈진 등딱지가
적막하게 보글거리던 게거품이
그 여름 햇살 냄새가
일렁이던 오후의 그림자가
숨비기 알싸한 보랏빛이
으깨져
간단히 요약되는
늦은 점심 한 끼

까치배

까치란 놈이
그저 영특한 줄 알았다
단배만
콕 찍어
맛보는 줄 알았다

상처 입은 배가
상처 때문에
단내를 풍기도록

콕콕
찍어두는 것이었다

생이밥*

직박구리 울음소리
끼익 끽 하늘가를 긁어대면
정낭 옆 감나무 이야기 한 채
짭조름한 봄 햇살에 몸을 담근다

생떼 같은 손지 잃어버린 무자년
감꽃 매달린 하늘마다 돋아나던 초승달
그 달에 마음 베인 할머니
두런두런 호롱불에 잠겨
식은 조밥 한 덩이
캄캄한 목구멍 속으로 밀어 넣었다

북두칠성 환한 밤하늘에 스친
생채기 많은 풋감
할머니 젖꽃판처럼 졸아들어
떫은 계절들 물러가는 중이다
'몬딱 먹지 말앙, 생이밥은 냉기라'
돌아가신 할머니 말씀

아침부터
머리 빗은 직박구리 한 마리
오목가슴 조아려 달게 찍어 먹는다

---

*까치밥의 제주 방언.

바위그늘집을 읽다

여러 갈피의 계절이 뭉쳐져 눅눅하다
그 부분을 떼어보려는데
서로를 놓아주지 않는 습기의 힘
물기 스민 하드보드 합장본은
콩짜개덩굴 문장으로 푸르다

그 집에서 흘러나오는
젖은 나무 연기가 스민 단락을 읽는다
추위와 배고픔이 행간으로 읽힌다
그늘집에 살아도 빛을 품고 살아
서로에게 별이 되어주던 사람들

풀씨와 열매를 쪼개먹던
푸르게 물든 입술이
나지막이 부르던
어, 아,
우, 오,
이응을 매단

이름 아닌 이름들이

그늘집 앞, 자금우로 빛난다

깊은 사랑*

길 지워지는 곳
떨어진 다래 한 알

몰랑하니 깊고 단 사랑이 혀로 감겨듭니다
이 사랑은 나만의 것이 아니어서
풀숲 지나는 누룩뱀의 것이기도 하고
구름 속 다녀온 가을비의 것이기도 하고
발목 젖은 붉은가슴딱새의 것이기도 하여서

나는 잠시
갈라진 혀로 날름 맛보기도 하고
비의 주둥이로 달싹거리기도 하고
혀 짧은 소리로 삐이~ 삐
울어보기도 하는 것입니다

---

*다래의 꽃말.

우체국 간다

먼 곳에서 도착한 구름의 발목
뿌리 뽑힌 것은 서러운 것이다

길게 흐느끼는 비의 서간체
공중을 긋는다
모음의 입술 주름에는 굵은 실밥 같은 것도 묻어서 온다

비의 행간마다 돋아나는 당신의 푸른 이마
무수한 수평으로 접힌다

우표를 혀로 핥으면
풀이 녹아 쓸쓸한 단맛
먼 곳으로 부친다

간극은 간곡으로 메꾸어진다

멜*

반짝이던 한때를 못내 가져왔다

은빛 춤사위로 가르던 바다 속

찰나라는 셔터에

속절없이 등에 업은 햇살

하나같이 동그랗게 눈을 떴다

생의 한때가 고스란히 인화된다

망연한 눈동자가 바라보는 건

숨 붙은 채

제 몸 굳어가는 시간을 견딘 허공

밀려왔다 밀려가는

생의 물결이

비로소 철썩이며 몸에 박혔다

멜이라는 이름으로

---

*멸치의 제주 방언.

다시, 봄

수평선 너머
반짝
네가 온다

콕, 눈동자를 찌르는
눈부신 뱃머리의 각

길고 푸른 미역 냄새
미끄러지던 너의 머리칼 냄새
아득하게 비리다

소식 기다리던 나의 귀는 검은 초록의 겹으로 미역귀처럼 두터워졌다
오도독거리는 그리움의 이빨
딱딱

수평선 너머
반짝

네가 타고 오는 배가 온다

노란
제주 봄바다 가르며
푸르고 푸른 네가 온다

읽을 수 있는 편지
—팽목항에서

미안해요,
저녁의 이우는 빛으로 말할 수밖에 없어서
서쪽으로 떨어지는 핏빛으로밖에 울 수 없어서

미안해요,
당신 발밑에 찰랑이는 물결로밖에 다가설 수 없어서
왜 이렇게 되었는지 여전히 못내 궁금해 하는 당신에게

읽을 수 없는 편지밖에 띄울 수 없어서

정말 미안해요 하지만 바람이, 구름이
쉼 없이 나르는 우리의 숨결을 느껴보세요

봄이면 꽃망울의 눈으로 다시 태어나
줄줄이 계절의 서간체로 엮어가는 저희들의 편지를

가만히 귀 기울여 주세요

당신과 우리 안에 새뜻하게 돋아난 점자
서로 뜨겁게 익힐 때까지

조금 타는 낭

석 달 열흘 붉은 마음이지요

어쩌다
견디다 견디다
터지고 마는 놈도 있지만
목백일홍 한 그루의 질서
어쩌면 저렇게 의젓한지요

피고 지는 순서
제 몸으로 열고 닫을 줄 아는
우주 한 채

아랫가지를
문지르면
귀신같이 간지럼 타
윗가지로 웃고 마는
따듯한 피 흐르는
조금 타는 낭*

목백일홍 붉은 그늘이
며칠째
간지럼 먹여
결국 이리 쓰게 만들지요

---

*간지럼 타는 나무라는 뜻의 제주 방언.

심해어족

내 입술에서 네 이름이 반짝였다
입술을 훑고 가는 네 이름 속 받침
허공에 빼끔거리는
그리움의 입질

가끔 그리움은 심해

두 팔은 지느러미로 솟고
가슴속 부레가 부풀었다
소름은 비늘로 촘촘해지고
다리는 꼬리지느러미로 흐느적거린다

네게로 미끄러져가는 유선형의 적합한 몸

그리움에 눈먼
어족이 되었다

해설

가까이서 부르는 먼 노래

고영 시인

1.

거리(距離)를 생각한다.

가슴 깊은 곳에서 싹 트는 불안과 관계에 얽매여 숨 한번 제대로 쉬지 못할 때의 부자유, 과거의 강렬한 기억 때문에 새로운 자극을 받아들이지 못하는 몸을 떠올려본다. 그 어느 경우에도 삶은 버겁고 위태롭다. 그런 상황을 신태희 시인은 '시인의 말'에서 "껴안는데 자꾸 틈이 생긴다"며 푸념 아닌 푸념을 한다. 하지만 곧바로 "그 틈으로,/바람이 햇빛이 다녀간다"고 상황을 역전시킨다. 차분하게 '거리(틈)'의 필요성을 말하고 있는 것이다. 더불어 이 시집에서 주목해야 할 점도 언뜻 내비친다. 적절한 거리를 만드는 것, 또 그 측량의 어려움과 지속의 괴로움을 다 담아내고 있다. 그것은 어느 정도가 적절한가, 또한 얼마나

지속해야 하는가. 거리를 두고 찬찬히 그의 작품 속으로 들어가 보자.

물 묻은 손을 털고 전화를 받을 때,
끊기는 전화 너머로 사라지는 너의 목소리였던가
거품 문 스펀지 위로 다시 물이 쏟아진다
접시가 손에서 자꾸 미끄러진다
꽃무늬 접시에서 빠져나오는 손
지갑을 들고 우리슈퍼에 간다
너와 같이 버스를 기다리던 정류장을 지나간다
초록 플라스틱 의자에 고이는 오후 세 시
정류장의 오류는 잠시 머문다는 것이다
너와 같이 버스에서 내리던 정류장을 다시 지나간다
시장바구니 속 파가 삐죽, 고개를 내민다
69번 버스는 숨을 토하는 흰수염고래다
숨구멍으로 쏟아져 나오는 체크무늬 교복
언덕배기 아래
가끔씩 지나가는 화물선 같은,

—「추억은 기어이 닿는다」 전문

일상의 한때가 펼쳐져 있는 「추억은 기어이 닿는다」는 현재 시인의 심정이 가장 잘 드러나 있는 작품이라고 할 수 있다. '추억이 어디로 닿는지'를 따라가 보면, 대략 세 번의 끊김과 불연

속이 등장한다. 첫 번째는 “끊기는 전화 너머로 사라지는 너의 목소리”와 “거품 문 스펀지 위로 다시 물이 쏟아진다”는 너와 나의 행위의 간극, 두 번째 “너와 같이 버스에서 내리던 정류장을 다시 지나”가는 추억과 행위 사이의 간극, 마지막은 상징의 뒤로 숨겨졌지만 ‘흰수염고래/화물선’의 대조에서 찾을 수 있다.

집요하게 과거의 사건이나 인물, 사물만 등장한다면 그것은 ‘회귀적 자기 위안’의 표상에 지나지 않는다. 반대로 현실의 자아가 기억 속의 대상들을 불러오지 못하고 내내 일상의 주변에서만 맴돈다면 그것은 ‘체념적 자기기만’의 표징이기 쉽다. 어쩌면, 시는 이 자기 위안과 자기기만 사이에서 쓰이는 것일지도 모른다. 받지 못한 전화가 일으킨 잔잔한 파문에도 불구하고, 시인은 오후 세 시의 장 보기를 감행한다. 거기서 ‘69번 버스’의 정류장이 환기하는 어떤 정서에 잠시 젖는다. 그것은 ‘기다림’이 아직 살아 있을 때의 떨림에 다름 아니다. 하지만 시인은 그 정류장을 그저 지나치고 버스를 향해 쏟아져 나오는 하굣길의 학생들을 통해 지난 한 시절을 회상한다. ‘흰수염고래’는 어감으로는 노회(老獪)한 느낌을 주지만, ‘숨’을 토한다는 행위의 차원에서 볼 때 열망을 상징한다고도 할 수 있다. 어떻게 보면 이 습관적 행위와 그 틈으로 새어나오는 기억으로 인해 시인은 “정류장의 오류는 잠시 머문다는 것이다”라는 시적 명제를 건져 올리게 되었을 것이다. 시적 명제는 시인의 인식이 녹아든 선언적 문장을 일컫지만, 달리 생각하면 작품의 주제를 집중,

축약한 꽃술이라고 볼 수도 있다. '정류장의 오류'는 우리가 이해하는 정류장과 시인이 생각하는 정류장의 다름, 차이에서 비롯한다. 아니 다시 풀어보면, 정류장은 잠시 머문다는 것에 의미가 있는 것이 아니라 그것이 그전과 그 이후의 사이, 즉 사이 속의 한 지점이라는 데서 의미를 갖는다. 우리는 종점이나 기점을 정류장이라 하지 않는다. 시작과 끝이 아니라 과정의 한 지점은 결국 시간과 공간에서 사이를 인식할 수 있게 하고, 존재를 현재에 고정할 수 있는 닻이 되어준다. 앞에서 잠시 언급한 '시인의 말'에서 '틈'을 '사이'로 확대해서 본다면, 신태희 시인이 '틈, 사이, 간극' 등에 얼마나 집중하고 있는지가 밝혀진다.

그렇게 하나같이 물속을 들여다본다
물방울 또르륵거리며 반짝이던 한때가
명상의 자세로 돌아간다
자기의 뿌리를 들여다본다
얼기설기 이웃이 되는 그 간격을 본다

—「겨울, 연밭에서」 부분

길가마지는 어쩜,
두 송이씩
어깨 겯고 피어날까요
하나는 외롭고
셋은 너무 많단 걸 알고 있기나 한 것처럼요

—「길가마지 사랑」 부분

계절이나 대상의 차이가 중요한 것이 아니다. 최소한 이번 시집에서는 그것들의 양태(樣態)가 더 의미를 갖는다. 겨울 연리지에서 시인이 보게 된 것은 연들의 "얼기설기 이웃이 되는 그 간격"이고, 봄 제주에서 본 것은 "두 송이씩/어깨 겯고 피어난" 길가마지 모습이다. 시인의 인식은 극적으로 모든 관계에서, 또는 그것이 '저다움' 즉 자기 개성을 충분히 발휘하기 위해서는 적절한 거리가 반드시 필요하다는 데까지 이르른다. 오히려, "간극은 간곡으로 메꾸어진다"(「우체국 간다」)나 "독과 사랑/한 몸에 품은 몸"(「독과 사랑」)에서 보였던 피상적 인식이 구체화된 경우라 할 수 있다. '틈, 사이, 간극'의 발견과 이해는 시인의 작품을 한 차원 더 성숙시킨 원동력이라 해도 무방할 것이다.

2.

기억은 몸에 밀착돼 있을 때 더 강렬하다고 우리는 쉽게 생각한다. 하지만 실상은 그렇지 않다. 기억이란 기억의 저장물, 즉 내용이 중요한 것이 아니라 현재적 필요로 따라 무엇이 상기(想起)되느냐 하는 계기가 더 중요하다. 그것이 시작(詩作)에서는 더 첨예화되고 강조된다. 기억이 한 개인의 몸에 밀착하면 할수록 공감(共感)을 향한 창은 닫히기 마련이다.

빨래터 옆 목련나무
방망이질 소리 물고 탕탕 터진다

하이타이처럼 부글거리는 꽃들의 트림
담 위에 쌓이는 사이,

엄마는 목련보다 흰 속옷 줄줄이 꿰고 있다

매 맞고 탈탈 털린 빨래꽃들
눈물도 없이 희게 펄럭이는데

엄마 등 뒤로 자빠지는
목련꽃

—「빨래꽃」 전문

「빨래꽃」은 흠잡을 데 없는 명징(明徵)한 이미지가 돋보이는 작품이다. '빨래'를 '꽃'으로 치환한 시인의 심성도 고스란히 드러난다. "빨래터 옆 목련나무"를 이미지의 중심으로 해서 짧지만 서사를 전개한 것도 서정시의 전형이라 할 수 있다. 그럼에도 불구하고, 정말 개성적인가 하는 의문이 드는 건 왜일까. "엄마는 목련보다 흰 속옷 줄줄이 꿰고 있다"는 진술은 시인만이 체험했거나 이해할 수 있는 시적 표현인데 깊은 울림을 형성하지 못하고, 말 그대로 입 안에 맴돌다 마는 것 같은 느낌이다.

이 안타까움은 바로 공명할 수 있는 공간이 시인의 기억으로만 꽉 채워져 버렸기 때문이다. 이마저 지나친 감은 있지만, 시인은 지금 거리가 없는 몸의 기억을 술회하고 있는 것으로 보인다.

사람이 살고 있는 집은
쉽사리 무너지지 않는대

기울어진 흙벽도 밥의 온기를 먹고
사람의 체온에 기대어 버티는 걸 거야

결코 무너질 수 없다고
어린것들 이불 밖 삐죽 나온 발가락을 세는
벽은 따듯해

청국장 끓는 아침도
시래깃국 펄펄 김 나는 저녁도
함께 흥흥거리는
벽은 따듯해

—「따뜻한 벽」 전문

관찰이나 실험으로 검증된 사실을 말하고 있는 것 같지만, 이 작품의 밑바닥에는 시인의 체험이 깔려 있다. 마지막 연이 이를 반증하는데, "청국장 끓는 아침"과 "시래깃국 펄펄 김 나는 저녁"은 웬만한 상상력으로는 형상화하기 어려운 특별한 영역이기 때문이다. 하지만 이 작품은 앞의 인용 시와 비교할 때 공감의 폭이 훨씬 넓다. 물론 1연의 정의, "사람이 살고 있는 집은/쉽사리 무너지지 않는대"가 주는 표현상의 근거(根據)도 근거지만, 시인이 자기의 기억을 어느 정도 몸에서 떼어놓으므로 해서 공명(共鳴)할 틈이 생겨나게 배려했기 때문이다. 다르게 말하면, 대상이 말할 틈을 준 것인데, "결코 무너질 수 없다고/어린 것들 이불 밖 삐죽 나온 발가락을 세는" 행위는 기억이 내용물이 아니기 때문이다.

신태희 시인은 여러 작품에서 이런 시작 태도를 보여준다. 가령, "해피하고 부르면 달려왔다/뜻보다 중요한 건 공명이었다/공기가 소리를 받아주듯/해피는 나를 받아주었다"(「해피라는 이름과 걷다」)에서 '뜻보다 중요한 건 공명' 이라는 사실을 알고 있음을 드러내고 있고, "일 년 전의 약속이라니, 나는 한 적도 없는 약속을 자주 잊습니다 맘에 새겼거나, 새기지 않은 약속은 언제나 흐릿합니다"(「연꽃 빗장」)라는 고백처럼 시간의 거리를 형성했을 때의 정서적 대응의 차이를 그려내기도 한다.

여기서 한 가지 문제를 지적하자면, "모든 기호는 말을 대신할 수 없지만/오래 상징한다/색깔로 기분을 저장하는 카멜레온처럼"(「야전」)이라는 사실이다. 시어는 충분하지 않고, 문법은 낡고 옥죄기만 해서 시인들은 개인 상징을 만들기 위해 무던히 애를 쓴다. 그런 의미에서 신태희 시인은 음성의 유사성을 이용한 일종의 언어유희를 자주 보여준다. 가령, 「철든 돌」의 이중적 의미나 "뒷산 갈참나무 가지로 오시는 눈"(「나무의 쓸모」)에서 보이는 '가다/오다' 의 대비, "페루는 노랗다, 노래"(「페루는 노래」)에서 보이는 음성적 유사성을 이용한 의미의 전이, 「무화과라니」, 「여수」에서 보이는 표제와 내용의 상이성을 이용한 낯설게 하기 등은 주목할 필요가 있다. 이 시도도 넓게는 앞의 조류와 그 의도가 같다고 볼 수 있다.

3.

몸에 지나치게 밀착된 기억은, 마찬가지로 지나치게 생생한 현실은 시작(詩作), 특히 함께 이해하고, 함께 생각하며 사고의 틀을 바꾸는 공명의 장(場)을 형성하는 데 방해가 되면 됐지, 시적 효과를 불러일으키지는 못한다.

> 다섯 페이지의 책이 있다
> 햇살의 숨결로 묶인 책이 있다
> 차가운 어둠을 뚫고 온 필경사는
> 때로는 얼굴을 붉히며 숨을 참으며 받아쓴다
> 육필만 허락되는 리미티드 에디션이다
> 내용은 할리퀸 문고판처럼 뻔하지만
> 차곡차곡 발단 전개 위기 절정 결말을 꾸린다
> 책을 찾아오는 마니아층은 대개 소란하기 마련

붕붕거리는 한 떼의 벌들이 읽어 내리는 낭독의 시간
어린것들은 속독으로 건성 읽는 듯하여도
물어보면 다 알고 있는 줄거리
서점은 홍보 포스터 한 장 없이도
올해도 베스트셀러를 내었다
완판된 자리마다 불룩해지는 주머니
책값은 실했다

—「과원서점」 전문

신태희 시인은 요즘 보기 드물게 생명을 예찬하는 시작 태도를 보여준다. 그 대표적인 작품으로 「과원서점」을 들 수 있다. 과수원을 서점으로 비유해 책이라는 생산물이 만들어지고, 유통되고, 그 영향이 뿌리내리는 것에 대한 일종의 우화(알레고리)라 할 수 있다. "어린것들은 속독으로 건성 읽는 듯하여도/물어보면 다 알고 있는 줄거리/서점은 홍보 포스터 한 장 없이도/올해도 베스트셀러를 내었다"는 부분은 특히 눈길이 간다. 꽃을 찾아든 어린 꿀벌을 이렇게 의인화하면서, 그들로 인해 밝아질 미래를 상상하는 것은 시인이 생명에 대한 예찬과 신뢰를 굳건히 했음의 반증이 아니면 무엇이란 말인가?

시인은 한 걸음 더 나아가 이른바 '공명'의 순간, 우리가 보고 느끼게 될지도 모르는 찰나의 순간을 시적 형상화를 통해 선명한 이미지로 눈앞에 펼쳐주고 있다.

문득,
티스푼이 옆구리에 닿자
찰그랑
울어버리는 찻잔
온몸에 공명을 새긴
시린 온기가 손바닥을 넘어온다
얼룩진 햇빛이 묻어온다
살 속에 뼈가 아프게 박혀 있다
흰 울음소리가
물무늬로 번져온다
동그라미가 물고 오는 동그라미
그 여러 겹이 다정스레 죽는다
죽어서 흙이 되는
우리가 별의 부스러기라면
한밤 울어버린 잔은 나의 근친
손으로 더듬어보는 찻잔의 별자리
점자로 가득한 하늘엔
엎질러진 깊고 푸른 찻물

—「별의 근친」 전문

찻잔과 티스푼, 그 쓸모와 재료만 따진다면 이 둘은 결코 함께, 나란히 배열할 수 없다. 하지만 한 잔의 차를 마시기 위해 우리는 찻잔 안의 찻물을 스푼으로 젓는다. 아무렇지도 않게,

습관적으로, 모든 행위가 익숙한 습관이 될 때는 아무 사건도 일어나지 않는다. 찻잔은 찻잔, 스푼은 스푼일 뿐이다. 그러나 접촉 "티스푼이 옆구리에 닿"으면 비로소 사건이 발생한다. 일차적으로는 '찻잔'이 우는 것이고, 연이어 "온몸에 공명을 새긴/ 시린 온기가 손바닥을 넘어"오게 된다. 사물과 사물과 주체가 만나 무언가 새로운 사건을 형성하는 것이다. 하, "시린 온기"라니! 이 사건은 어떤 뼈아픈 사실에 눈을 뜨게 한다. "살 속에 뼈가 아프게 박혀 있다"는 일종의 위반(違反)의 사유인데, 이는 존재를 향한 질문이 된다. 이때 시인의 눈은 찻잔 안에 들어찬 찻물로 옮겨가게 되는데, 여기서 "동그라미가 물고 오는 동그라미", 즉 파문의 연쇄를 본다. 그리고 그 사라짐을 통해 "그 여러 겹이 다정스레 죽는다"고 읽는다. 공명의 한 순간을 포착한 수월한 이미지라 할 수 있다.

맨 처음 바늘에 귀를 만들어준 사람을 생각해요
입이 아니라 귀를 열어준 이유를 더듬어봐요
옷 짓는 소리를 들으며, 살구꽃 지는 향기를 듣는
몰씬몰씬 익어가는 살구를 들으며, 옷 한 벌을 지어내는
저 순하고 향기로운 바늘에 귀를 기울여봅니다
동그란 귀 안에는 얼마나 많은 이야기가 들어 있을까요
도토리 떨어지는 숲길에 오도카니 손을 비벼대는 다람쥐며
해와 달을 번갈아 달아매다 솔기 터진 겨울 하늘이며

이름이란 거추장스러움을 걸치기 전의 풀꽃 이야기
동심원으로 이어지는 둥글고 둥근 이야기
푸르렀을 바늘의 귓속을 들여다봅니다
가느다란 새의 다리뼈에 조심조심 구멍을 뚫는
처음부터 바늘이 아니었을 바늘에게 귀를 열어준 사람
뼈바늘에 매달린 풍경이 홈질로 지나갑니다
흐드득, 살구가 틀어집니다

—「바늘귀 이야기」 전문

철저하고 치열한 것만이 인간의 문명세계를 형성하고 변화시켜 온 것은 아니다. 구석기 인류의 뼈바늘의 발명은 현 문명의 꿰고, 깁는 모든 개념의 발명의 시초였다. 이 위대한 사실에 덧붙여 신태희 시인은 '입'보다 '귀'가 우선함을 작품을 통해 보여주고 있다. "입이 아니라 귀를 열어준 이유"를 탐색하겠다는 나름의 포부로도 읽힌다. 이 의지와 '틈'을 생각하는 방법이 앞으로 시인의 시세계를 활짝 열어주리라 믿는다. 그의 다음 행보에 벌써 관심이 간다.

이 도서의 국립중앙도서관 출판시도서목록(CIP)은 서지정보유통지원시스템 홈페이지 (http://seoji.nl.go.kr)와 국가자료공동목록시스템(http://www.nl.go.kr/kolisnet)에서 이용하실 수 있습니다.(CIP제어번호: CIP2016013391)

문학의전당 시인선 228

분홍여우가 온다

초판 1쇄 인쇄 2016년 5월 31일
초판 1쇄 발행 2016년 6월 7일
지은이 신태희
펴낸이 고영
책임편집 류미야
디자인 헤이존
펴낸곳 문학의전당
출판등록 제311-2012-000043호
주소 서울시 은평구 연서로11길 7-5 401호
전화 02-852-1977 팩스 02-852-1978
전자우편 sbpoem@naver.com

ISBN 979-11-5896-263-0 03810

* 이 시집은 2016 제주도 문예진흥기금을 지원받아 제작되었습니다.